W0357725

Geldgeschenke leicht gemacht

Wenn es darum geht, einem lieben Menschen eine Aufmerksamkeit zukommen zu lassen und ihn zu beschenken, geht man gerne auf Nummer sicher. Mit einem Geldgeschenk ist das kein Problem! Um diesem eine eigene Handschrift zu verleihen und es dem Anlass entsprechend aufzupeppen, bietet sich eine Bastelei an!

Unsere im Buch vorgestellten Modelle haben nicht nur ihren eigenen, witzigen Stil, sie sind auch von jedem leicht nachzuarbeiten. Die ganz und gar unkomplizierten Geldschein-Faltungen ergeben in Kombination mit Tonpapier effektvolle Mitbringsel, die man gerne aufbewahrt und sogar als hübsche Deko verwenden kann!

Für alle Anlässe ist etwas dabei: ob bestandene Prüfung, Berufsanfang oder Pensionierung, Umzug, Hochzeit, Geburt, Familienfest oder einfach so.

Viel Spaß beim Basteln und Verschenken wünschen Ihnen

Nelli Bolgert Ralph Krumbacher

GRUND-AUSSTATTUNG
Diese Materialien und Werkzeuge werden häufig verwendet. Sie sollten sie zur Hand haben, denn sie werden in den Materiallisten nicht mehr gesondert aufgeführt.

- Transparentpapier
- Karton oder festes Papier (für Schablonen)
- weicher Bleistift
- Bleistiftspitzer
- Radiergummi
- Filzstift in Schwarz
- Buntstift in Weiß und Rot
- leere Kugelschreibermine
- UHU Alleskleber, Klebestift
- transparenter Klebefilm
- mittelgroße, spitze Schere
- Cutter mit geeigneter Schneideunterlage
- Lineal
- Nähnadel
- Bürolocher

Hinweis: Mit „Rest" ist immer ein Stück gemeint, das maximal A5 groß ist.

So wird's gemacht

Vorlagen übertragen

1 Um die einzelnen Motive vom Vorlagenbogen zu übertragen, empfiehlt es sich, zunächst eine Schablone anzufertigen. Dazu Transparent- oder auch normales Butterbrotpapier auf die gewünschte Vorlage legen und sämtliche Konturen und Linien mit einem spitzen Bleistift nachfahren.

2 Sämtliche Transparentpapierteile auf Karton oder kräftiges Papier kleben und exakt ausschneiden. Fertig sind die Schablonen.

3 Die Kartonschablone so auf dem Material platzieren, dass sie nicht verrutscht. Ggf. mit etwas Klebefilm fixieren. Die Umrisskanten sorgfältig mit Bleistift umfahren. Bei dunklem Untergrund am besten einen weißen Buntstift verwenden. Die Einzelteile ausschneiden.

4 Um ohne Schablonen zu arbeiten, die Vorlage auf Transparentpapier übertragen, das Papier wenden und auf das gewünschte Material legen. Die Linien mit einem weichen Bleistift nachziehen, dann überträgt sich der auf der Rückseite haftende Bleistiftgrafit auf den Untergrund.

Geldscheine rollen und falten

Die am häufigsten verwendeten Formen sind die Rolle und der einfache Fächer.

Geldscheinrolle

Über einen runden Stift, z. B. Bleistift, den Geldschein straff aufrollen und kurz festhalten. Den Stift herausnehmen, Schein nochmals zusammenrollen und das Rollenende mit etwas Klebefilm fixieren.

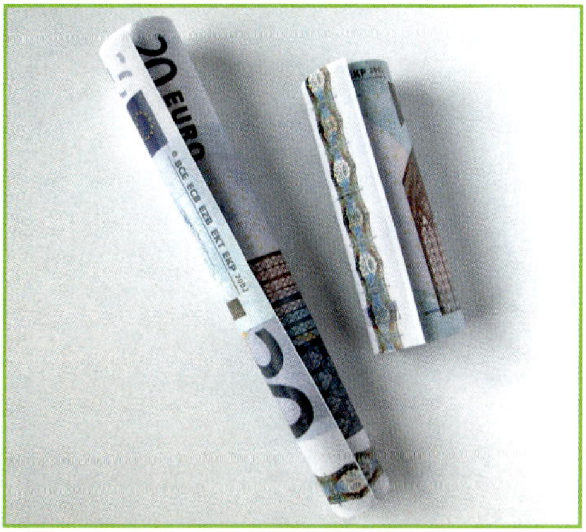

Einfacher Fächer

Den Geldschein längs oder quer in schmale Falten legen und in der Mitte knicken. Die rechte und die linke Hälfte nach oben nehmen und mit etwas Klebefilm miteinander verbinden.

Tipps und Tricks

- Bei einigen Motiven wird das Papier etwas gewölbt, damit die Figuren lebendiger wirken. Dafür das Papier vorsichtig über einen runden Stift ziehen.
- Bei etlichen Gesichtern werden die Wangen mit Buntstift gerötet. Dazu mit einem Cutter Buntstiftspäne abschaben. Mit einem Wattestäbchen oder Zeigefinger aufnehmen und auf die gewünschte Stelle reiben.
- Um eine exakte, saubere Faltung zu erreichen, mit Lineal und einer leeren Kugelschreibermine vorsichtig die Faltlinien (siehe Vorlagenbogen) vorziehen. Sie können auch mit dem Cutter vorsichtig an den Faltlinien entlang fahren. Dabei wird das Papier nur angeritzt und kann dann leicht an der Linie gefaltet werden.
- Für alle im Buch gezeigten Motive können unterschiedliche Geldscheine verwendet werden. Lediglich für den kleinen Teller auf Seite 18 müssen die Einschnitte verbreitert werden, wenn ein Geldbetrag von 20 € und mehr verschenkt werden soll. Es empfiehlt sich allerdings auch für die Modelle „Dose und Karte" auf Seite 25, die Einschnitte zu vergrößern, wenn Geldscheine ab 10 € verwendet werden.
- Geldscheine sollte man vorsichtig mit Klebefilm fixieren, weil dieser sich leicht wieder lösen lässt und das Geld nicht beschädigt. Dafür am besten ein Stück Klebefilm (Klebeseite nach außen) aufrollen. Mit diesem Röllchen kann der Geldschein dann fixiert werden.
- Bitte beachten Sie, dass das (Farb-)Kopieren von Banknoten sowie die Verwendung ausgedruckter Scans von Geldscheinen strafbar ist!

Sonne, Meer & Sandstrand

→ ab in den Süden

MOTIVHÖHE
Schiff ca. 15 cm
(mit Geldscheinen)
Flugzeug ca. 6,5 cm

MATERIAL SCHIFF
- Tonpapier in Weiß, 2 x A4
- Tonpapier in Dunkelblau, A4
- Tonpapierreste in Hellblau, Gelb, Grün, Rot und Braun
- Filzstift in Blau
- 4 Geldscheine

FLUGZEUG
- Tonpapier in Rot, A4
- Tonpapierrest in Weiß
- Filzstift in Blau
- 2 Geldscheine

VORLAGENBOGEN 1B

Schiff

1 Alle Teile gemäß Vorlage ausschneiden. Aus dem mittleren Schiffsteil drei große Löcher für die Schlote aus Geldscheinen ausschneiden. Bullaugen beidseitig aufmalen. Am Bug auf beiden Seiten zwei ovale Löcher ausschneiden. Die Laschen an den Enden des Schiffsteiles falten und die zwei äußeren Schiffsseiten zusammenkleben.

2 Anker beidseitig ankleben. Das mittlere Schiffsteil falten. Die Schiffswände von innen mit Klebstoff bestreichen, das mittlere Teil wie abgebildet hineinschieben und festdrücken. Drei Geldscheine rollen und in die vorgefertigten Löcher stecken. Jeweils zwei rote Tonpapierringe auf die Geldscheine

schieben. Einen gerollten Geldschein durch die Bullaugen schieben.

3 Meer- und Inselteile gemäß Abbildung aufeinander kleben. Das Schiff auf dem Meerteil befestigen.

4 Drei Palmenstämme bemalen. Die Blätter an den Rändern etwas einschneiden und wölben. An jeder Palme jeweils zwei Blätter und nach Wunsch Kokosnüsse anbringen. Auf die Insel kleben und je zwei Grasteile am Stamm der Palmen fixieren.

Flugzeug

1 Alle Teile ausschneiden. Fenster und Cockpit auf die zwei weißen Streifen aufmalen und diese auf das Flugzeug kleben.

2 Am hinteren Teil das Höhenruder gemäß Vorlage einschneiden und das Seitenruder wie abgebildet einstecken. In den Rumpf des Flugzeuges den Schlitz für die Befestigung der Tragflächen einschneiden. Die Stütze für die Tragflächen zweimal ausschneiden, gemäß Vorlage falten und zusammenkleben. Anschließend die Stützen auf beiden Seiten mittig unterhalb des Einschnittes mit der schmalen Kante auf das Flugzeug kleben.

3 Den Geldschein einmal der Länge nach mittig falten und wieder öffnen. Die beiden Ecken zur Falzkante hin zu einer Spitze falten. Anschließend den Schein beidseitig ca. 1 cm weit parallel zum Falz hin falten. Schein wieder mittig zusammenklappen. Auf diese Weise zwei Geldscheine falten, fixieren, zur Stabilisierung auf den schmalen Streifen stecken und als Tragflächen wie abgebildet durch die Öffnung stecken. Die Geldscheine ggf. zusätzlich mit einem kleinen Stück Klebefilm zusammenkleben.

Für die Reise

→ originell

MOTIVHÖHE
ca. 21 cm (mit Palmen)

MATERIAL
- Tonpapier in Hellblau und Gelb, A4
- Tonpapierreste in Weiß, Grün und Braun
- 2 Geldscheine

VORLAGENBOGEN 2A

1 Alle Teile ausschneiden. Gemäß Vorlage Löcher in die Karte sowie das Auto schneiden. Die Fenster des Autos ausschneiden. Palmenstämme beidseitig bemalen und auf einer Kartenseite anbringen. Jeweils zwei Palmenblätter übereinander legen und mit der Schere ringsherum leicht einschneiden. Anschließend die Blätter etwas wölben und an den Spitzen der Palmenstämme befestigen.

2 Das Auto mit schwarzem Filzstift bemalen und so auf beide Seiten der Karte kleben, dass die Löcher sichtbar übereinander liegen. Unterhalb der Tür jedoch keinen Kleber auftragen.

3 Die Karte falten und die kleine Lasche zwischen Karte und Auto schieben, so dass die Karte einen festen Stand hat. Die Geldscheine durch die Löcher stecken. Wolken auf beiden Seiten aufkleben.

Du bist mein Ritter!

→ für bestandene Prüfungen aller Art

MOTIVHÖHE
ca. 15 cm

MATERIAL

- Tonpapierreste in Weiß, Graublau und Rot
- Schaschlikstäbchen
- Buntstift in Grau
- Geldscheine

VORLAGEN-BOGEN 1A

1 Zwei große und vier kleine Rollen gemäß Vorlage aus weißem Tonpapier herstellen. Gemäß Abbildung an der unteren Seite der größeren Rollen beidseitig jeweils zwei kleinere Rollen anbringen, so dass sie auf einer Ebene stehen können. Den Sattel als Ring herstellen und fixieren. Geldscheine rollen und durch die zwei großen Rollenteile hindurchschieben, dabei befindet sich das Sattelteil in der Mitte.

2 Alle restlichen Teile aus Tonpapier ausschneiden, den Pferdekopf und Schweif, den Ritterkörper und das Herz doppelt. Die Kopfteile des Pferdes bis auf die Klebelasche zusammenkleben. Mit Buntstift beidseitig Flecken und mit schwarzem Filzstift das Gesicht sowie die Nüstern aufzeichnen. Den Kopf mit den Klebelaschen am unteren Ende auf eine Rolle kleben. Den Pferdeschweif in der Mitte punktuell zusammenkleben und mit den Klebelaschen auf der hinteren Rolle befestigen. Den Schweif beidseitig nach außen wölben.

3 Das Schaschlikstäbchen auf 15 cm Länge kürzen. Für die Lanze zwei Herzen an der Spitze des Schaschlikstäbchens und die Fahne gemäß Abbildung darunter befestigen. Einen Geldschein ganz schmal zusammenrollen und aufstecken.

4 Vor dem Zusammenfügen der beiden Körperteile des Ritters drei kleine rote Streifen als Federn zwischen die Helmteile kleben und den unteren Körperteil sowie die Beine so wölben, dass der Ritter auf dem Sattelring sitzt. Im Kniebereich innen mit etwas Klebstoff befestigen. Das Visier leicht wölben, auf beiden Seiten am Kopf befestigen und das Scharnier aufzeichnen. Die Schulterteile rund wölben und die Arme mit dem Oberarm auf dem Körper fixieren. Eine Hand um die Lanze wölben, den Schutzschild an der anderen, zuvor leicht gewölbten Hand befestigen.

Zuschuss zum Taschengeld

→ für coole Kids

MOTIVHÖHE
ca. 10 cm

MATERIAL MÄDCHEN
- Tonpapierreste in Grün, Hautfarbe, Pink und Rosa
- 4 Streublümchen in Rosa
- Wollrest in Pink
- Filzstift in Rot und Rosa
- Lackmalstift in Weiß
- 2 Geldscheine

JUNGE
- Tonpapierreste in Grün, Hautfarbe, Blau, Gelb, Schwarz und Orange
- Wollrest in Pink
- Filzstift in Rot
- Lackmalstift in Weiß
- Schaschlikstäbchen
- Geldschein

VORLAGEN-BOGEN 2B

Mädchen

1 Alle Teile ausschneiden. Gesicht und Kleidungsmuster aufmalen und die Wangen mit Buntstift röten (siehe Seite 3). Ärmel abknicken. Das T-Shirt- und Hosenteil jeweils als Rolle zusammenkleben und die Hose auf die grüne Standfläche kleben.

2 Die Arme etwas wölben und unter die Ärmel kleben. Die Mütze falten und an den Kopf kleben. Auf der Rückseite die Haare aus ca. 2 cm bis 3 cm langen Wollresten befestigen. Die Streublümchen aufkleben.

3 Für den Rucksack eine Rolle fertigen. Das abgerundete Ende beim Verkleben leicht überstehen lassen und die Verschluss-Schnalle in derselben Farbe darauf anbringen. Die Träger um die Arme schlingen und den Rucksack daran befestigen. Einen Geldschein hindurchstecken.

4 Den Kopf von innen am T-Shirt fixieren. Den Geldschein rollen und in die Hose stecken. Das obere Motivteil aufstecken.

Junge

1 Wie beim Mädchen in Schritt 1 beschrieben vorgehen. Anschließend die Gürtelschnalle anbringen. Wie in Schritt 2 beschrieben (ohne Streublümchen) weiterarbeiten.

2 Das Skateboard zusammensetzen und an den Seiten etwas nach oben wölben. Das Schaschlikstäbchen in zwei 2,6 cm lange Stücke schneiden. Für die Räder jeweils einen ca. 4 mm breiten und 4 cm langen schwarzen Streifen fest um die Enden der Schaschlikstäbchen wickeln und befestigen. Das Skateboard unter den Arm kleben.

3 Wie beim Mädchen in Schritt 4 beschrieben fertig stellen.

Viele Mäuse für dich

→ ran an den Käse!

MOTIVHÖHE
Käse ca. 6,5 cm
Maus ca. 2,5 cm

MATERIAL
- Tonpapier in Gelb, A3
- Tonpapierreste in Hellgrau, Weiß, Schwarz, Rot und Orange
- ca. 5 Geldscheine

VORLAGENBOGEN 1A

1 Alle Teile gemäß Vorlage ausschneiden. Mit dem Cutter Löcher in die Käseform schneiden. Das Käsestück an den gekennzeichneten Linien vorfalzen, falten und an den markierten Stellen zusammenkleben.

2 Den orangefarbenen Tonpapierrest als Rinde auf dem Käsestück befestigen. Überstehende Teile mit der Schere abschneiden.

3 Die Gesichter der Mäuse gestalten und das Kopfstück zum Ring zusammenkleben. Die Ohren etwas wölben. Die Mäuseschwänzchen ausschneiden, wellen und die hintere Ringform zusammensetzen.

4 Geldscheine rollen und wie abgebildet in die Ringe stecken. Das beschriftete Schild an einem Mäuschen befestigen. Das Käsestück mit den Mäusen dekorieren.

Tipp: Gestalten Sie das Schild ganz individuell – mit einem persönlichen Spruch oder aus farbigem Tonpapier!

Viele Mäuse
für Dich

Fürs neue Heim

→ bringt Sicherheit

MOTIVHÖHE
Schlüssel ca. 16 cm
Häuschen ca. 6 cm

MATERIAL SCHLÜSSEL
- Tonpapier in Gelb, A4
- Tonpapierreste in Orange und Grün
- Bambus- oder Holzstab, ø 1,2 cm
- Aluminiumdraht, ø 1,2 mm, 25 cm lang oder Schlüsselring, ø ca. 5 cm - 7 cm
- ca. 3 Geldscheine

HÄUSCHEN
- Tonpapierreste in Gelb und Orange
- Stickgarn in Orange
- 10 €-Geldschein

VORLAGENBOGEN 3B

Schlüssel

1 Alle Teile ausschneiden. Pro Schlüssel zwei breite, gelbe Tonpapierstreifen mehrfach fest um den Holz- oder Bambusstab wickeln, so dass stabile Röhrchen entstehen. Mit Klebstoff fixieren und abziehen.

2 Pro Schlüssel ein bis zwei Geldscheine der Länge nach zusammenrollen und in die Röhrchen stecken. Die Teile für den Griff und den Schlüsselbart doppelt herstellen und zusammenkleben. Dabei die Klebelaschen nach außen falten und die Motive damit an die Röhrchen kleben. Den Schlüsselgriff nur jeweils einmal herstellen und mit den Klebelaschen am Röhrchen fixieren.

3 Ggf. aus dem Aluminiumdraht einen Schlüsselring formen (evtl. ein Glas zu Hilfe nehmen) und die Schlüsselteile einhängen.

Häuschen

1 Das Hausteil und die Fenster ausschneiden. Das Motiv zusammenkleben. Orangefarbene Dreiecke ausschneiden und als Dach auf dem Hausteil befestigen. Für die Aufhängung jedes Dachteil mit dem Bürolocher lochen.

2 Den Geldschein zuerst der Länge nach mittig und dann so falten, dass er in das Häuschen eingepasst werden kann (siehe Faltskizze; eine „Hauswand" ist 3 cm x 3 cm groß).

3 Zwei Garnfäden über Kreuz durch die Löcher im Dach hindurchziehen und in der Mitte verknoten. Das Häuschen damit an den Schlüsselring hängen.

Für den Geschäftsmann

→ zum Berufsanfang oder zur Pensionierung

MOTIVHÖHE
ca. 12 cm

MATERIAL
- Tonpapier in Dunkelrot, A4
- Tonpapierreste in Hautfarbe und Weiß
- Wollrest in Hellbraun
- Geldschein

VORLAGEN-BOGEN 2A

1 Alle Teile ausschneiden. Das Anzugteil mittig falten. Den Kreis für den Geldschein beidseitig und die Zwischenräume zwischen Krawatte und Anzug auf der Vorderseite ausschneiden.

2 Das weiße Hemdteil falten und unter dem Anzug an der Faltkante befestigen. Das Karomuster auf die Krawatte aufmalen. Die Umrisse des Revers auftragen. Die Nadelstreifen mit Filzstift und Lineal in gleichmäßigen Abständen von 1,5 cm auf den Anzug zeichnen.

3 Augen aufkleben, Gesicht aufmalen, Wangen und Ohren mit Buntstiftspänen röten (siehe Seite 3). Kurze Wollreste als Haare von hinten am Kopf fixieren. Den fertigen Kopf auf der Vorderseite des Anzugs anbringen. Den Geldschein rollen und durch die Arme stecken.

Für die ersten Schritte

→ nützliches Startkapital

MOTIVHÖHE
ca. 12 cm

MATERIAL
- Fotokartonrest in Weiß
- Tonpapierreste in Rosa, Dunkelbraun, Hautfarbe und Hellgelb
- Wellpapperest in Weiß
- Geldschein

VORLAGEN-BOGEN 1A

1 Alle Motivteile ausschneiden. Gemäß Vorlage mit einer leeren Kugelschreibermine o. Ä. die markierte Linie auf der weißen Karte leicht falzen und falten. Das Tonpapier in Rosa am unteren Rand der Karte befestigen. Das Gesicht des Babys aufmalen, Wangen, Ohren und Nase rot schattieren (siehe Seite 3). Mit Hilfe eines Schaschlikstäbchens eine kleine Spirale in Gelb herstellen (Streifen ca. 3 mm x 3 cm) und als Haarlocke oben am Babykopf anbringen.

2 Aus der Babydecke ein Quadrat ausschneiden und einen weißen Rahmen aufkleben. Am oberen Rand eine gezackte Borte anbringen. Den Kopf auf der Rückseite der Decke befestigen.

3 Das Baby mit der abgerundeten Seite auf die Karte kleben. Die Wellpappe als Kinderwagen aufkleben, darauf die Räder. Griff und Punkte der Reifen aufmalen. Den Geldschein zu einem Quadrat in der Größe des Rahmens falten und dahinter einstecken (siehe auch Skizze auf Vorlagenbogen 4A).

Lass es dir schmecken!

→ für kulinarische Genüsse

Großer Teller (rechts)

1 Alle Motivteile ausschneiden. Auf das Tellerteil in Orange den gelben Kreis kleben. Den weißen Kreis an den markierten Stellen mit einem Cutter einritzen. Zwei Geldscheine der Länge nach mittig falten und durch die drei Laschen schieben. Die Kreise vorsichtig mittig aufeinander kleben. Dabei jedoch nicht die Geldscheine festkleben.

2 Die Fischschwänze und -köpfe mit wenig Klebstoff so auf den Teller kleben, dass die Geldscheine zwar fixiert sind, aber wieder entnommen werden können. Das Besteck an den Rand des Tellers kleben.

Kleiner Teller (links)

1 Alle Teile ausschneiden. Mit dem Cutter das Dreieckmuster in die Karte schneiden. Anschließend daneben gemäß Vorlage die Schlitze einritzen.

2 Gemäß Vorlage mit einer leeren Kugelschreibermine o. Ä. die markierte Linie auf der Karte leicht falzen und umklappen. Darauf die ausgeschnittenen Tellerteile und das Besteck kleben. Einen Geldschein (10 oder 5 €) als Serviette anbringen.

MOTIVGRÖSSE
Großer Teller ca. ø 18 cm
Kleiner Teller
ca. 17 cm x 11,5 cm

MATERIAL GROSSER TELLER

- Tonpapier in Orange, A4
- Tonpapier in Gelb und Weiß, A5
- Tonpapierreste in Hellblau, Violett und Lila
- 2 Geldscheine

KLEINER TELLER

- Fotokartonrest in Blau
- Tonpapierreste in Grün, Orange, Hellblau, Gelb und Weiß
- Geldschein

VORLAGENBOGEN 2B

EZB EKT
EZB EKT

Tierische Mitbringsel

→ für jedermann

MOTIVHÖHE
Hund ca. 4,5 cm
Katze ca. 14 cm

MATERIAL HUND

- Tonpapierreste in Hellgelb, Dunkelgelb, Weiß und Schwarz
- Geldschein

KATZE

- Tonpapierrest in Rosa
- Strukturkartonrest in Weiß
- Satinband in Rosa, 5 mm breit, 8 cm lang
- Buntstift in Rosa
- Häkelgarn in Rosa und Weiß
- 9 Geldscheine

VORLAGENBOGEN 2B+3A

Hund

1 Alle Teile gemäß Vorlage ausschneiden. Den Hundekörper mittig falten. Punkte, Augen und Schnauze ankleben. Die Pfoten und Augen bemalen.

2 Die Ohren falten, nach außen wölben und wie abgebildet auf den Kopf kleben. Den Körper des Hundes auf beiden Seiten ebenfalls etwas nach außen wölben, damit er einen sicheren Stand hat. Einen Geldschein der Breite nach vierfach zusammenlegen und wie eine Zeitung in die Einkerbung an der Schnauze stecken.

Katze

1 Alle Teile gemäß Vorlage ausschneiden. Für die Fransen in die Ränder des Teppichs mit einer Nadel Löcher im Abstand von 4 mm einstechen. Mit Hilfe der Nähnadel abwechselnd weißes und rosafarbenes Garn durch die Löcher ziehen. Die Garnstücke dafür jeweils doppelt nehmen, die Schlaufe durch das Loch ziehen und die beiden Garnenden durch die Schlaufe ziehen.

2 Acht Geldscheine der Länge nach jeweils von beiden Seiten zur Mitte hin so falten, dass beide Faltabschnitte passgenau übereinander liegen. Die gefalteten Geldscheine so anordnen, dass ein gewebtes Muster entsteht (siehe Abb.). Die Geldscheine mit kleinen Klebefilmröllchen (Klebeseite nach außen) vorsichtig am Rand des Teppichs fixieren.

3 Die Katze bemalen. Zum Fixieren der Katze auf dem Teppich etwas Klebefilm verwenden. Den Kopf auf dem Körper anbringen. Das Satinband auf eine Länge von 2,5 cm zusammenlegen, mittig etwas Häkelgarn herumwickeln und als Schleifchen auf dem Kopf fixieren.

4 Einen Geldschein mehrfach der Breite nach falten und in der Mitte mit rosafarbenem Häkelgarn zusammenbinden. Den Geldschein mit einem kleinen Klebefilmröllchen gemäß Abbildung am Teppichrand befestigen, das Garn von der Schleife weiterlaufen lassen und unter den Katzenpfoten festkleben.

Frischgebackenes Ehepaar

→ gemeinsam in die Zukunft

MOTIVHÖHE
Braut ca. 12 cm
Bräutigam ca. 13 cm

MATERIAL BRAUT

- Tonpapierreste in Gelb, Blau, Hautfarbe und Hellgrün
- 13 Streublümchen in Rosa
- Tüllrest in Weiß
- Nähgarn in Weiß
- Geldschein

BRÄUTIGAM

- Tonpapierreste in Schwarz, Weiß und Hautfarbe
- Buntstift in Rosa
- Diorröschen in Rosa, ø 1,5 cm
- Geldschein

VORLAGEN-BOGEN 4A

Braut

1 Alle Teile ausschneiden. Den gezackten Streifen für den Kleidersaum zu einem Ring zusammenkleben. Die Schuhe von unten ankleben. Den zweiten Streifen als Kragen zusammenkleben. Darauf mittig drei Blümchen anbringen.

2 Die Hände bemalen und die Armteile von innen an den Ring kleben. Arme und Hände wie abgebildet wölben. Einen Strauß mit acht Blümchen gemäß Abbildung an den Händen fixieren.

3 Das Gesicht bemalen, und das Krönchen auf der Rückseite des Kopfes befestigen. Sieben Spiralen für die Locken herstellen und diese vorne auf den Kopf kleben. Als Schleier ein 8 cm x 4 cm großes Stück Tüll an einer Längskante mit Nähgarn etwas zusammenraffen und am Hinterkopf befestigen.

4 Den Kopf von innen am oberen Ring fixieren. Einen Geldschein der Breite nach zusammenrollen und als Körper in die beiden Ringe hineinschieben. Für das Kleid ein 7 cm x 14 cm großes Tüllstück an einer Längskante mit Nähgarn etwas raffen. Das Kleid wie abgebildet anbringen, das Garn unter den Armen verknoten und drei Streublümchen aufkleben.

Bräutigam

1 Alle Teile ausschneiden. Das Hosenteil rollen und zusammenkleben. Mit dem weißen Buntstift Lichtreflexe auf Schuhe und Hut zeichnen. Die Schuhspitze etwas nach oben wölben und die Schuhe von unten an die Hosenrolle kleben. Einen Geldschein der Breite nach rollen und in die Hose stecken. Schulterring zusammenkleben. Das Gesicht bemalen und die Wangen mit rosafarbenem Buntstift auftragen.

2 Den Kopf von innen am Schulterring befestigen. Das Hemdteil auf den Schulterring und darauf die gefaltete Fliege kleben. Achtung: Beim Aufkleben nur den Falz mit Klebstoff bestreichen.

3 Arme und Hände wölben, die bemalten Hände von innen an den Armen festkleben. Den kleinen weißen Streifen als Manschetten aufkleben. Beide Arme am Schulterring befestigen. Die Rose ans Revers kleben.

Dose und Karte

→ für fast jeden Anlass

MOTIVHÖHE
Dose ca. 6 cm
Karte ca. 18 cm

MATERIAL DOSE
- Tonpapier in Lila, A3
- Tonpapier in Rosa, A4
- Streublümchen in Rosa
- Satinband in Dunkelrot, 3 mm breit, 1,50 m lang
- 8 Geldscheine

KARTE
- Tonpapier in Lila, A4
- Tonpapierrest in Rosa
- Naturpapierrest in Lila
- Satinband in Dunkelrot, 3 mm breit, 50 cm lang
- 8 Geldscheine

VORLAGEN-BOGEN 4A+4B

Dose

1 Alle Teile ausschneiden. Für eine saubere Faltung mit einem Lineal und einer leeren Kugelschreibermine vorsichtig die Faltlinien vorziehen. Für den Unterbau der Schachtel die Klebelaschen nach innen falten und festkleben. Die oberen gefalzten Kanten nach innen umklappen und festkleben. Die Streublümchen außen verteilt auf die Dose kleben.

2 Für den Deckel gemäß Vorlage mit dem Cutter acht Schlitze einschneiden. Die Laschen nach innen falten und zusammenkleben. Rund um den Rand des Deckels mittig einen Teil des Satinbandes festkleben. Die Geldscheine zu kleinen Quadraten falten und gemäß Abbildung in die Deckelschlitze stecken.

3 Den Rest des Satinbandes in fünf bis sechs Schlaufen legen und mittig mit einem Bandrest verknoten, so dass eine Schleife entsteht. Auf die Mitte des Deckels kleben.

Karte

1 Alle Teile ausschneiden. Gemäß Vorlage mit dem Cutter auf der Kartenvorderseite acht Schlitze einschneiden. Für eine saubere Faltung mit einem Lineal und einer leeren Kugelschreibermine vorsichtig die Faltlinien vorziehen. Die Karte mittig falten.

2 Den Streifen aus Naturpapier schräg auf die Vorderseite kleben. Den Stängel und die Blätter der Blume etwas wölben und punktuell auf der Karte befestigen. Drei schmale, rosafarbene Streifen um ein Schaschlikstäbchen rollen, abziehen und zwischen den Blättern aufkleben.

3 Die Geldscheine zu kleinen Quadraten falten und in die Schlitze stecken. Die beiden Blüten mit dem Cutter gemäß Vorlage einschneiden, die Blätter wie abgebildet wölben und die Blüten auf die Karte kleben. Die Schleife wie bei der Karte in Schritt 3 beschrieben herstellen und aufkleben.

5 EUR

Turteltäubchen

→ als Karte oder Geschenkdeko

MOTIVGRÖSSE
Karte ca. 10 cm
Täubchen ca. 7 cm

MATERIAL
KARTE
- Tonpapier in Weiß mit Prägemuster „Spiralen", A4
- Briefpapierrest in Sand
- Naturpapierrest in Rot
- Satinband in Rot, 9 mm breit, 2 x 10 cm lang
- 2 Geldscheine

2 TÄUBCHEN
- Tonpapierrest in Weiß mit Prägemuster „Spiralen"
- Naturpapierrest in Rot
- 4 Geldscheine

VORLAGENBOGEN 4B

Karte

1 Alle Teile gemäß Vorlage ausschneiden. Der Taube die Augen aufzeichnen, Schnäbel aus rotem Naturpapier aufkleben. Für eine saubere Faltung mit einem Lineal und einer leeren Kugelschreibermine vorsichtig die Faltlinien auf der Karte vorziehen. Auf das sandfarbene Einlegepapier ein Herz aus Naturpapier aufkleben.

2 Gemäß Vorlage mit einem Cutter die Muster in die Flügel der Tauben schneiden. Diese ankleben und etwas nach unten wölben. Pro Taube einen Geldschein zu einem einfachen Fächer falten (siehe Seite 3) und diesen wie abgebildet aufkleben.

3 Gemäß Vorlage zwei Löcher in die Karte und das Einlegeblatt stanzen, ein Band in Rot hindurchziehen und zu einer Schleife binden. Die Bandenden zackenförmig einschneiden.

Täubchen

1 Alle Teile gemäß Vorlage ausschneiden. Augen aufzeichnen und den roten Schnabel von beiden Seiten am Kopf befestigen. Gemäß Vorlage einen kleinen Schlitz in den Körper schneiden. Die Flügel wie abgebildet wölben und mit der Klebelasche gemäß Vorlage befestigen.

2 Pro Taube zwei Geldscheinfächer falten und diese mit etwas Klebefilm zusammenkleben. Die Flügel einstecken und die fertige Taube wie abgebildet in den Fächer hineinstecken. Ggf. zusätzlich mit etwas Klebefilm fixieren.

Schmuckvolle Weihnachtskarte

→ auch als Geschenkanhänger

MOTIVGRÖSSE
12 cm x 12 cm

MATERIAL KARTE

- Tonpapierreste in Dunkelgrün, Hellgrün und Gelb
- Bambus- oder Holzstab, ø 1,2 cm
- 3 Geldscheine

VORLAGENBOGEN 4B

1 Alle Teile ausschneiden. Für eine saubere Faltung mit einem Lineal und einer leeren Kugelschreibermine vorsichtig die Faltlinien vorziehen. Die hellgrüne Tanne mit ein wenig Klebstoff in der Mitte auf die Vorderseite der Karte kleben.

2 Drei Geldscheine gemäß Anleitung auf Seite 3 zu einem einfachen Fächer falten und mit etwas Klebefilm so aneinander befestigen, dass ein Kreis entsteht.

3 Den schmalen Streifen aus gelbem Tonpapier zu einem Ring zusammenkleben. Den abgerundeten Streifen ebenfalls aus gelbem Tonpapier ausschneiden, die seitlichen Klebelaschen falzen und falten. Den Streifen nun wie abgebildet mit den Klebelaschen in den Tonpapierring einkleben.

4 Den unteren Teil des Streifens mit etwas Klebefilm gemäß Abbildung an einer Geldscheinfalte befestigen. Das Motiv mit dem Tonpapierring so auf den Tannenbaum kleben, dass der gefaltete Geldscheinkreis genau im ausgeschnittenen Kreis liegt.

Tipp: Auf die gleiche Weise können Sie auch einen Geschenkanhänger herstellen: Einen Faden durch die Öse der Aufhängung ziehen und den Geldscheinkreis wie oben beschrieben ankleben.

Witzige Blumenstecker

→ peppen auch Sträuße auf

MOTIVHÖHE
ca. 22 cm (Gesamtlänge mit Schaschlikstäbchen)

MATERIAL FÜR ALLE INSEKTEN

- Tonpapierreste in Dunkelrot, Rot und Weiß (roter Käfer)
- Tonpapierreste in Hellrosa, Dunkelrosa und Weiß (Libelle)
- Tonpapierreste in Gelb, Rot, Blau und Schwarz (Hummel)
- Tonpapierreste in Hellgrün und Weiß (Raupe)
- Tonpapierreste in Rosa, Dunkelrosa und Weiß (rosafarbener Käfer)
- Transparentpapierrest in Weiß (Libelle, Hummel und rosafarbener Käfer)
- Buntstifte in Grün (Raupe) und Rosa (rosafarbener Käfer)
- Lackmalstift in Silber
- Schaschlikstäbchen
- Geldscheine (pro Insekt können mehrere Scheine verschenkt werden)

VORLAGENBOGEN 3A

Roter Käfer

1 Alle Teile ausschneiden. Den schmalen Tonpapierstreifen gemäß Vorlage ausschneiden, fest um den oberen Rand des Schaschlikstäbchens wickeln und festkleben. Einen Ring aus dem breiten Streifen herstellen und auf die Rolle kleben.

2 Den Körper und die Flügel mit Lackmalstift und schwarzem Filzstift bemalen. Danach beide Teile etwas nach unten wölben und aufkleben. Den Rüssel mit Hilfe eines Schaschlikstäbchens zu einer kleinen Spirale drehen.

3 Die bemalten Augen fixieren. Den Käfer auf den Ring kleben und den gerollten Geldschein anbringen.

Hummel

1 Wie beim roten Käfer in Schritt 1 beschrieben vorgehen.

2 Schwarze Streifen auf den Körper kleben. Die Flügel bemalen und mittig zusammenkleben. Körper, Flügel und Rüssel etwas nach unten wölben bzw. spiralförmig drehen und befestigen.

3 Weiter wie beim roten Käfer, Schritt 3.

Rosafarbener Käfer

1 Wie beim roten Käfer in Schritt 1 beschrieben vorgehen. Den Körper mit Lackmalstift und rosafarbenem Buntstift bemalen. Zwei kleine Tonpapierpunkte in Dunkelrosa auf dem Rücken befestigen.

2 Die Flügel mittig zusammenkleben. Körper und Rüssel nach unten, die Flügel etwas nach oben wölben und aufkleben. Weiter wie beim roten Käfer, Schritt 3.

WEITERFÜHRUNG

Witzige Blumenstecker

Raupe

1 Wie beim roten Käfer in Schritt 1 beschrieben vorgehen. Den Raupenkörper mit Buntstiften bemalen.

2 Mit einem Cutter gemäß Vorlage sechs zackenförmige Schnitte auf dem Körper anbringen. Die Zacken nach außen und den Raupenkörper wellenförmig wölben und an zwei Stellen auf den Ring kleben. Die Augen fixieren und den gerollten Geldschein anbringen.

Libelle

1 Wie beim roten Käfer in Schritt 1 beschrieben vorgehen. Die Flügel in Hellrosa sowie aus Transparentpapier herstellen und zusammenkleben. Körper, Flügel und Augen bemalen. Mit dem Cutter gemäß Vorlage vier halbmondförmige Schnitte in gleichen Abständen auf dem Körper anbringen.

2 Den Körper wellenförmig wölben und die Flügel aufkleben. Wie beim roten Käfer in Schritt 3 beschrieben weiterarbeiten.

DIESES BUCH ENTHÄLT 4 VORLAGENBOGEN

IMPRESSUM

FOTOS: frechverlag GmbH, 70499 Stuttgart; Fotostudio Bolgert, Chemnitz (S. 2/3), Fotostudio Ullrich & Co., Renningen (übrige Fotos)
DRUCK: frechdruck GmbH, 70499 Stuttgart

Materialangaben und Arbeitshinweise in diesem Buch wurden von den Autoren und den Mitarbeitern des Verlags sorgfältig geprüft. Eine Garantie wird jedoch nicht übernommen. Autoren und Verlag können für eventuell auftretende Fehler oder Schäden nicht haftbar gemacht werden. Das Werk und die darin gezeigten Modelle sind urheberrechtlich geschützt. Die Vervielfältigung und Verbreitung ist, außer für private, nicht kommerzielle Zwecke, untersagt und wird zivil- und strafrechtlich verfolgt. Dies gilt insbesondere für eine Verbreitung des Werkes durch Fotokopien, Film, Funk und Fernsehen, elektronische Medien und Internet sowie für eine gewerbliche Nutzung der gezeigten Modelle. Bei Verwendung im Unterricht und in Kursen ist auf dieses Buch hinzuweisen.

Auflage: 5. 4. 3. 2. 1.
Jahr: 2010 2009 2008 2007 2006 [Letzte Zahlen maßgebend]

© 2006 frechverlag GmbH, 70499 Stuttgart

ISBN 10: 3-7724-3538-6
ISBN 13: 978-3-7724-3538-6
Best.-Nr. 3538